AF248176

METZ

AUX SOLDATS FRANÇAIS

MORTS DANS SES MURS

POUR LA PATRIE

CÉRÉMONIE FUNÈBRE

DU 7 SEPTEMBRE 1871

NANCY

IMPRIMERIE E. RÉAU, RUE SAINT-DIZIER, 51

—

1871

1870
METZ
AUX SOLDATS FRANÇAIS
MORTS SOUS SES MURS
POUR LA PATRIE
AUX ENFANTS DE LA
FRANCE
MORTS

La date du 7 septembre marquera dans les annales de Metz. Le monument élevé à la mémoire des braves tombés dans ses murs sera désormais l'objet du culte de tous les Messins. Mais il nous reste un dernier devoir à remplir envers ceux qui ont trouvé la mort autour de nous, sur les champs de bataille de Borny, de Rezonville, de Gravelotte, de Servigny. Leurs tombes aussi ont droit à nos hommages, à notre vénération. C'est dans cette pensée que nous offrons au public ce recueil, qui comprend le compte rendu de la cérémonie du 7 septembre, d'après le *Courrier de la Moselle*, et les remarquables discours prononcés dans cette circonstance par le Maire de Metz et les Ministres des différents cultes. Le produit de la vente de ce recueil sera consacré à élever des tombes sur les sépultures des soldats tombés autour de Metz.

CÉRÉMONIE FUNÈBRE A METZ

LE 7 SEPTEMBRE 1871.

Pauvre Metz! Le respect de ta douleur a dû s'imposer, sans doute, aux conquérants eux-mêmes, car jamais manifestation n'affirma plus haut et d'une manière plus touchante le plus noble des sentiments de l'homme: l'amour de la patrie. Ici rien d'apprêté. Tout le monde semble s'être entendu, s'être compris, sans, pour ainsi dire, s'être concerté. Dès le matin, la ville entière a pris un air de deuil. Tous les ateliers, tous les magasins se ferment, tout travail est suspendu. De temps à autre, la Mutte appelle à la solennité les citoyens qui, à neuf heures, se pressent en foule aux abords de la cathédrale. Au milieu d'un groupe entièrement vêtu de deuil, une bannière de crêpe noir ornée de rubans tricolores frappe tous les yeux. La main d'un patriote bien inspiré a tracé sur l'étoffe en caractères apparents ces seuls mots qui caractérisent admirablement la solennité:

AUX ENFANTS DE LA FRANCE

MORTS POUR LA DÉFENSE

DE LA PATRIE.

L'effet de cette bannière est saisissant; c'est, nous dit-on, la bannière du Cercle de la rue du Pontiffroy. Toutes les sociétés ont la leur. La ville tout entière s'est levée pour rendre hommage au courage malheureux de ceux qui ont versé leur sang pour le pays. Des souvenirs encore vivants se pressent dans toutes les têtes et gonflent tous les cœurs. On revoit Borny, Rezonville, Gravelotte, Servigny,... et puis, plus tard, ces funèbres jours de suprême angoisse et d'affreux désespoir que rien n'effacera jamais.

Mais c'est dans l'enceinte de la cathédrale, envahie déjà par une foule immense, qu'il faut pénétrer pour assister à un de ces spectacles qui ne s'oublient pas. Toutes les femmes de Metz sont là, vêtues de deuil, ces femmes qu'on a vues pendant le siége au chevet des blessés et des mourants. Elles ont eu, elles aussi, leurs glorieux martyrs, frappés par le fléau dans les ambulances, comme le soldat sur le champ de bataille.

Elles sont là ces mères de famille, ces nobles jeunes filles, élevant leurs âmes vers Dieu, songeant, sans doute, à leurs pauvres blessés, et montrant dans leurs yeux rougis par les larmes ce que c'est que la patrie quand on l'a perdue. Sur leurs vêtements de deuil, on voit briller les couleurs de ce vieux et cher drapeau tricolore qui signifiera toujours: Générosité! Liberté! Pleurez, dignes filles de la France; à votre vue, qui donc, parmi nous autres hommes, spectateurs aussi désespérés qu'impuissants d'un désastre sans nom, pourrait retenir ses larmes?... N'insistons pas. Tout cela se sent, mais ne s'exprime point.

Parlerons-nous de la cérémonie religieuse. Autour de nous, nous voyons israélites, protestants, libres-penseurs, catholiques, le cœur uni dans une même pensée: Dieu et patrie! au moment ou le prélude de Bach annonce l'Élévation.

Décrirons-nous l'ordre du cortége? à quoi bon! Tous les rangs se confondent, toute cette foule n'est plus qu'une même famille, rapprochée par le malheur, et en tête de laquelle chemine, à pied, malgré son grand âge et le soleil ardent, le vénérable et patriote évêque de Metz. Il a voulu, nous dit-on, marcher à pied, comme ces pauvres soldats tombés au champ d'honneur et qui reposent maintenant dans l'île Chambière. Ces soldats, hélas! tout nous les rappelle, tout jusqu'au visage bronzé de nos sapeurs-pompiers, jusqu'à leurs tambours et clairons dont les batteries et les fanfares françaises se mêlent à la musique de l'*Œuvre des Jeunes Ouvriers.*

Le cortége se déploie dans la grande plaine Chambière où la cavalerie française fut vaincue, l'an dernier, par la misère et la faim. Les habitants des villages voisins s'y sont donné rendez-vous. Ils accourent, eux aussi, en habits de deuil. Impossible d'évaluer cette colonne immense dont on n'aperçoit pas la fin. Les plus modérés estiment à 30,000 le nombre des personnes qui assistent à la cérémonie. Au loin, devant nous, derrière le cimetière, s'élève une pyramide monumentale, œuvre de l'excellent architecte de la ville, M. Demoget. C'est là que reposent, pêle-mêle et sans nom les soldats de la France! Çà et là, seulement, une main pieuse a tracé sur de modestes croix en bois quelques mots en leur honneur. Les Messins ont voulu qu'un monument impérissable consacrât du moins la mémoire de ces glorieux inconnus, et l'artiste, heureusement inspiré, a dignement interprété la pensée de ses concitoyens en se renfermant dans un dessin simple et sévère. Au sommet de la pyramide, on voit une urne cinéraire enveloppée d'un long crêpe de deuil dont les plis se mêlent à ceux d'une oriflamme tricolore. Sur la face principale, au-dessous d'une cocarde française, apparaît, en caractères saillants, l'inscription suivante:

METZ

AUX SOLDATS FRANÇAIS MORTS DANS SES MURS

POUR LA PATRIE.

Chaque face porte une citation. La plus heureuse est empruntée au livre des Machabées: « Malheur à moi! Fallait-il naître pour voir la ruine de mon peuple, la ruine de la cité, et pour demeurer au milieu d'elle pendant qu'elle est livrée aux mains de l'ennemi. » On croirait entendre le dernier maire de Metz, le vénérable et regretté M. Félix Maréchal, mort trop tôt pour les siens, mais trop tard pour échapper à cette suprême amertume.

Après l'absoute, le maire et l'évêque de Metz prennent successivement la parole, On trouvera plus loin l'excellent discours de M. Paul Bezanson. L'évêque, en quelques mots partis du cœur, remercie la population et la municipalité au nom des familles de tous ces braves, et par trois fois, retentit au pied de leur tombeau, un formidable cri : celui de Vive la France !... La cérémonie est terminée La foule se disperse, gardant jusqu'à la fin ce silence religieux qui convient aux douleurs profondément ressenties. La jeunesse, plus vive en ses allures, rentre en ville, nous dit-on, en entonnant ce vieil air national qui, dans des temps plus heureux, conduisit ses pères à la victoire..... Courage et patience ! chers amis. Dans vos jours d'épreuves, votre plus grande consolation, nous le savons bien, sera d'apprendre un jour que libre et fière et réconciliée avec elle-même, la France a reconquis par de laborieux efforts la place qu'elle occupait jadis parmi les nations.   E. RÉAU.

Voici le discours de M. Paul Bezanson :

« Chers concitoyens,

» Devant ce monument qui recouvre tant de nobles victimes, une douleur muette ne serait-elle pas l'interprète le plus éloquent, le plus vrai de nos sentiments ?

» Un instant cette pensée fut la nôtre... Mais, en présence d'une foule émue et recueillie qui élève vers Dieu ses ferventes prières, les représentants élus de la Cité avaient un devoir à remplir : celui de joindre leurs âmes aux vôtres, de s'unir à vous dans une pensée commune de fraternité, de patriotique souvenir.

» Un an s'est à peine écoulé, et presque à pareil jour, le bruit du canon faisait battre nos cœurs ; vous,

nobles victimes, vous pouviez encore dire avec fierté :
« C'est sur nous que repose l'espoir de la patrie ! » Cet
espoir, nous le partagions tous...

» Mais si vous n'avez pu conjurer la fatalité, si ce
courage de lion, que le vainqueur lui-même ne saurait
méconnaître, est devenu stérile, vous êtes du moins
tombés en hommes de cœur sous les murs de la Cité
en deuil.... Ceux qui survivent et ceux qui viendront
après nous, pourront redire avec orgueil : « Ils furent
» les dignes enfants de la France; leurs corps mutilés
» ont servi de remparts à la vieille Cité messine, et
» leurs derniers regards ont pu se reposer sur elle,
» pure de tout contact ennemi, libre encore... et fière
» de sa virginité... »

» Ni le fer, ni le feu n'ont fait tomber nos murs :
nos portes se sont ouvertes devant une capitulation
désastreuse, que n'ont pu conjurer les efforts de notre
patriotique population. L'impartiale histoire dira sur
quels hommes doit retomber la responsabilité d'un fait
qui, en brisant nos cœurs, en nous infligeant cette humi-
liation, a eu pour la patrie commune les plus déplo-
rables conséquences.

» Mais n'arrêtons pas plus longtemps nos pensées
sur ces désolants souvenirs. Nous sommes réunis, chers
concitoyens, pour inaugurer un monument qui doit
rappeler à la génération présente, aux générations à
venir, non-seulement une page néfaste de notre histoire, mais encore, et surtout, l'héroïsme de ces braves
soldats, les sympathies ardentes d'une population dé-
vouée.

» Si, dans ce monde meilleur où règne le droit, et
non la force, votre pensée se reporte vers nous, vous
pourrez vous dire, à juste titre : « Si nous avons arrosé
» de notre sang cette terre si éminemment française,
» du moins les Messins qui survivent et leurs derniers
» neveux conserveront pieusement, avec cette énergie
» qui leur est propre, le culte des souvenirs. »

» Ombres généreuses et chères, ne craignez donc pas un désolant oubli. Si la tombe qui recouvre vos dépouilles mortelles est simple et modeste, si elle doit subir un jour le sort de toutes les choses humaines, vous aurez dans nos cœurs, dans ceux de nos descendants, un monument que l'absence et le temps seront impuissants à détruire.

» Vous en avez pour garants les traditions de cette patriotique Cité où les femmes, sans exception, ont montré, dans les moments terribles que nous avons traversés, un courage tel, une charité si ardente et si délicate à la fois, qu'en tous lieux leur nom est béni par ceux qu'a sauvés leur infatigable dévouement.... Pour rendre notre respectueuse admiration, nobles femmes de Metz, la parole est impuissante..., le cœur seul peut dignement acquitter les dettes du cœur.

» Maintenant, chers concitoyens, inclinons-nous une fois encore sous la bénédiction de notre vénérable Prélat, du digne Ministre d'un Dieu de paix, qui est aussi celui des armées. S'inspirant, comme toujours, des plus nobles sentiments, il a tenu à donner un éclatant témoignage de sympathie aux vaillants soldats que nous pleurons, à ceux qu'il appelait ses enfants. Qu'il nous permette de lui offrir ici l'expression de tous nos respects, de notre profonde reconnaissance.

» Pour vous, glorieuses victimes, nos regrets ! nos prières ! A vous, frères, un dernier adieu ! ou plutôt au revoir ! dans une patrie que nulle puissance humaine ne saurait nous ravir ! »

M. Dupont des Loges, évêque de Metz, a répondu en ces termes à M. le Maire de Metz :

« Monsieur le Maire,

» Je ne saurais espérer de rien ajouter aux nobles sentiments que vous venez d'exprimer en un si beau langage. Mais qu'il me soit permis de me faire l'interprête anprès de vous et auprès de cette patriotique et religieuse population, de la reconnaissance de tant de familles en deuil qui, dispersées sur tous les points de la France, sont ici présentes, en ce moment, d'esprit et de cœur, s'unissent à nous pour répandre sur ces tombes chéries leurs larmes et leurs prières. Oui, je vous remercie en leur nom, et pour ce monument qui portera à la postérité le souvenir de tant de douleurs et de tant de vaillance, et pour ces prières solennelles qui consoleront leur foi et rendront leurs larmes moins amères. Elles goûteront mieux désormais la recommandation que saint Paul adressait aux fidèles, dans la perte de leurs proches et de leurs amis, de ne pas s'attrister comme ceux qui n'ont point d'espérance. Je m'arrête à à ce mot, il est si doux !..... l'Espérance ! »

ALLOCUTION

Prononcée au temple israélite de Metz, le 7 septembre 1871,
par M. Isaac Lévy, grand rabbin de Colmar,
pendant le service célébré à la mémoire des soldats
français morts à Metz.

« Mes frères,

» L'honorable administration de votre communauté a bien voulu me prier de porter la parole dans cette fête funèbre, en la place de mon vénérable collègue que des devoirs de famille retiennent au loin.

» Quelque périlleuse que soit la tâche qu'on m'a fait l'honneur de me confier, car cette chaire est habituée à retentir des mâles accents d'un éloquent pasteur, je n'ai pas hésité à l'accepter et à remplir ainsi à la fois un devoir patriotique et un devoir de reconnaissance envers une communauté qui a toujours été chère à mon cœur, à laquelle m'attachent des liens étroits et au sein de laquelle j'ai trouvé une si bienveillante hospitalité, alors que je me préparais au sacerdoce, sous la direction des vénérés et savants maîtres qui vivent encore ici et auxquels je suis heureux de pouvoir offrir publiquement l'expression de ma gratitude et de mon affection.

» Mes frères, j'ai laissé errer ma pensée sur le passé ; mais quand je la reporte sur le présent, quand je songe au triste contraste qui règne entre le spectacle que votre ville et votre communauté offraient naguère et celui qu'elles présentent aujourd'hui, je ne puis me défendre d'une émotion vive et profonde.

» J'ai connu votre ville dans ses jours de splendeur, alors qu'elle était heureuse et fière de n'avoir jamais été foulée par le pied de l'étranger ; je la revois aujourd'hui triste, humiliée et voilée de deuil ; j'ai connu votre communauté, alors qu'elle était belle, florissante, alors qu'elle formait un des plus beaux fleurons du judaïsme français ; je la vois aujourd'hui se désorganiser, se dissoudre ; je vois se briser les liens qui rattachent les enfants aux parents, les frères aux frères, les amis aux amis ; je vois s'exiler volontairement des hommes dont toute l'existence s'était écoulée ici, qui comptaient certainement finir leurs jours là où ils étaient nés et qui espéraient que leurs ossements reposeraient à côté de ceux de leurs ancêtres.

» Cité et communauté pourraient me dire comme autrefois Noémi aux habitants de Bethléem :

« Oh ! ne nous appelez plus belles comme vous avez
» l'habitude de nous appeler ; appelez-nous *désolées,* car
» l'Éternel nous a abreuvées d'amertume. »

» Oui, mes frères, la main de l'Éternel s'est appesantie sur vous, *sur nous,* car j'appartiens à une province qui souffre comme vous souffrez, qui partage vos douleurs, qui éprouve vos patriotiques regrets. Le Seigneur nous a rudement châtiés ! Puisse du moins ce châtiment nous profiter ! Puisse la terrible catastrophe à laquelle nous avons assisté et dont nous sommes victimes, nous apprendre que rien ne dure de ce qui est terrestre, que tout est fragile ici-bas, que tout est périssable. Nous avons vu nous-mêmes comment les fortunes les plus solidement assises disparaissent en un clin d'œil ; nous avons vu nous-mêmes comment les empires croulent, comment les trônes s'effondrent sous le souffle puissant de l'Éternel.

» Attachons-nous donc à Dieu qui, lui, dure d'âge en âge, d'éternité en éternité. Attachons-nous à la vertu qui seule nous rapproche de Dieu. Que la pensée de l'instabilité des choses humaines devienne notre sauvegarde contre les tentations ! Qu'elle soit aussi notre consolation dans l'infortune.

» S'il est vrai, comme nous l'enseigne la religion et comme l'enseigne aussi l'histoire à ceux qui la consultent, que tout passe ici-bas, que tout change, les vaincus d'aujourd'hui peuvent être les vainqueurs de demain, les opprimés d'aujourd'hui peuvent demain entonner leur hymne de délivrance ; car Dieu abaisse quand il lui plaît ceux qui sont élevés et relève ceux qui sont abaissés.

» Mais, mes frères, ne nous aventurons pas plus loin sur ce terrain ; renfermons nos espérances en nous-mêmes ; conservons-les précieusement au fond de notre cœur jusqu'à ce qu'elles se réalisent, et laissons à cette solennité le caractère qu'elle doit avoir ; qu'elle soit pour nous une occasion d'offrir nos hommages bien sentis à la mémoire de ceux qui sont tombés sous nos murs pour la défense de notre sol, pour l'intégrité de notre territoire.

» Parmi les héros qui dorment ici dans la poussière, loin des lieux qui les avaient vus naître, loin de leurs parents qui n'auront pas même la consolation d'aller pleurer sur les tombes de ceux qui leur furent chers, il en est beaucoup qui appartiennent à notre culte.

» Par leur glorieux trépas, ils ont montré que l'israélite comprend et pratique ses devoirs envers son pays, qu'il est doué de ces vertus guerrières qu'on lui a reproché longtemps de ne pas posséder, et qu'on n'a pu

lui dénier que parce qu'on ne lui a pas offert l'occasion
de les manifester ; ils ont montré que l'israélite français n'oublie jamais que c'est la France qui, la première, a émancipé nos ancêtres, qui, la première a dit
à nos pères partout proscrits :

« Vous n'avez pas de patrie, je serai la vôtre. Par-
» tout on vous repousse, moi je vous accueille ; par-
» tout on vous persécute, moi je vous protégerai ; je
» serai pour vous une mère, et comme une mère ne
» fait aucune différence entre ses enfants et les aime
» tous d'un égal amour, je vous aimerai, je vous ac-
» corderai les droits et les avantages dont je fais jouir
» vos concitoyens des autres cultes. »

» Nous prierons aujourd'hui, mes frères, pour nos co-
religionnaires qui sont tombés au champ d'honneur et
qui, en servant leur pays, en sacrifiant leur existence
au salut de la patrie, ont en même temps glorifié la
religion à laquelle ils appartenaient. Nous prierons
aussi pour nos frères des autres cultes qui sont morts
de la mort des braves et dont le monument élevé par
les soins pieux de la municipalité messine rappellera à
jamais le noble dévouement.

» Je voudrais dérober, en cet instant, aux grands ora-
teurs qui ont illustré la chaire le secret de leur élo-
quence, pour vous parler dignement des faits d'armes
qui se sont accomplis sous vos murs, pour glorifier
comme ils le méritent les martyrs du devoir, dont la
postérité ignorera les noms, mais devant l'héroïsme
desquels elle s'inclinera avec respect et admiration.

» Mais il n'est pas besoin des secours de l'art pour
vous émouvoir fortement en ce jour ; il suffit de rappeler à votre mémoire ce que vous avez vu de vos
propres yeux, ce dont vous avez été témoins vous-
mêmes.

» Vous, mes frères, qui, comme tous les habitants de
cette vaillante cité, avez supporté avec une si rare fer-
meté, avec une si admirable résignation, les douleurs

d'un long siége, vous connaissez les fatigues, les souf-
frances que l'armée a eu à endurer, et vous savez avec
quelle constance, avec quelle tranquillité d'âme elle
les a supportées. Vous qui avez soigné avec une si
touchante sollicitude les blessés qui se trouvaient dans
vos ambulances, vous savez que ce qui préoccupait ces
pauvres victimes de la guerre, c'était moins leurs propres dangers que les dangers de la patrie. Ils étaient
jeunes ; une longue suite de riantes années s'ouvrait
devant eux, et pourtant s'ils pleuraient, ce n'était pas
sur leur vie qui allait être coupée dans sa fleur, c'était
sur les malheurs de la France.

» Vous savez aussi avec quel joyeux empressement
officiers et soldats couraient au-devant de la mort, avec
quelle ardeur, quelle intrépidité ils se précipitaient sur
l'ennemi. Oui, vaillants défenseurs de Metz, nous savons, et les générations futures sauront que si vous
aviez été bien dirigés, vous seriez sortis victorieux de
la lutte, quoiqu'elle fût inégale ; nous savons que si
vous avez été inférieurs à vos adversaires, c'était en
nombre, mais non en courage et en vaillance. Votre
gloire ne souffrira pas des désastres de notre pays, car
malgré le résultat final de la guerre, on sera forcé de
reconnaître que vous avez ajouté une belle page de plus
aux fastes militaires de la France. Oh n'en doutez pas,
l'histoire vous rendra justice, car l'histoire impartiale
ne s'agenouillera pas devant le succès ; elle n'insultera
pas au courage malheureux. C'est à la grandeur de
l'effort qu'elle mesure ses éloges. Et vos efforts pour
nous conserver à la France ont été méritoires. Si,
comme les israélites assis sur les ruines de Babylone
et qui pleuraient au souvenir de Sion, nous versons
aujourd'hui des larmes bien amères au souvenir de
notre patrie ; si, comme les lévites exilés du sanc-
tuaire qui suspendaient leurs harpes aux saules de
l'Euphrate et refusaient de faire résonner sur la terre
étrangère les lyres qui avaient frémi sous leurs doigts

quand ils chantaient à Jérusalem les louanges du Seigneur, il n'est plus pour nous de joie, de véritable bonheur tant que nous resterons séparés de la mère à laquelle on nous a violemment arrachés, ce n'est pas votre faute, ô héros de Borny, de Gravelotte, de Saint-Privat !

» Nous eussions été sauvés si cela eût dépendu de vous ; vous vous êtes dévoués à notre salut ; vous avez offert votre vie en sacrifice pour nous ; vous vous êtes immolés sur l'autel de la patrie ; que votre mémoire soit glorifiée et bénie de siècle en siècle !

» Frères ! imprimez à jamais dans votre âme le souvenir des braves qui ont péri pour nous ; parlez d'eux à vos enfants afin qu'ils apprennent à honorer le courage, la fidélité au drapeau ; afin qu'ils apprennent aussi que ce n'est pas toujours dans les plus hautes sphères de la société qu'on rencontre le plus de patriotisme et que ce ne sont pas les plus élevés en dignité qui sentent le plus vivement ce qu'ils doivent à leur pays.

» Oui, dites-leur que s'il s'est trouvé dans votre ville un chef qui n'a pas su ou qui n'a pas voulu vaincre ; qui a fait de la politique au lieu de faire de la guerre ; qui a mieux aimé être le serviteur d'un homme que le serviteur de son pays ; qui ne s'est pas soucié de mériter le titre de glorieux qu'un grand orateur, comptant sur ses succès futurs, lui avait décerné par avance, dites-leur qu'il s'est trouvé aussi dans vos murs des officiers et des soldats appartenant à d'obscures familles du peuple qui, eux, ne se sont pas préoccupés de la forme du gouvernement que la France s'était donnée dans un jour de juste indignation ; qui n'ont vu qu'une chose : la patrie envahie, souillée par la présence de l'étranger et menacée d'être déchirée, meurtrie, mutilée ; qui n'ont eu qu'une pensée, celle de délivrer leur pays, et qui sont morts en poussant ce cri qu'il ne nous est plus permis de proférer, mais qui est dans les cœurs s'il n'est plus sur les lèvres.

» Mais à quoi bon les récriminations contre ceux qui sont les auteurs de nos infortunes ; à quoi bon le retour vers le passé? Inclinons-nous devant la volonté de Dieu, espérons en son secours ; ayons patience, soyons dignes et calmes dans notre douleur ; recueillons-nous et prions pour ceux qui ont versé leur sang, afin de nous épargner le malheur qui nous a atteints.

» Seigneur ! Dieu de bonté et d'amour, accueille avec miséricorde l'âme des héros qui sont morts pour la défense de notre sol ; que leur glorieux trépas qui leur procure ici-bas une renommée impérissable leur assure aussi auprès de toi les félicités éternelles dont ils se sont rendus dignes par leur courage, leur dévouement, leur noble abnégation.

» Console aussi, ô notre Dieu, ceux que cette terrible guerre a plongés dans l'affliction ! Que de deuils elle a semés, que de larmes elle a fait répandre ! Que de parents pleurent les fils qui devaient être l'appui et la joie de leur vieillesse ! Que d'épouses déplorent la perte de ceux auxquels elles avaient lié leur existence et qui étaient leurs soutiens et leurs protecteurs ! Que d'enfants privés aujourd'hui des pères qui devaient travailler pour eux, qui devaient veiller sur leur jeunesse, qui devaient les diriger par leurs conseils et les éclairer des lumières de leur expérience !

» O Eternel! prends soin toi-même des orphelins et deviens leur père ; soutiens les veuves et deviens toi-même leur protecteur ; console toi-même les parents désolés qui gémissent sur leurs fils enlevés prématurément à leur affection.

» Permets aussi, Seigneur, que le sang des innombrables victimes en l'honneur desquelles nous célébrons cette fête funèbre, n'ait pas coulé en vain. Éclaire-nous, éclaire les grands de la terre ; apprends-leur à détester l'abus de la force brutale ; apprends-leur que ce n'est pas le glaive, mais la justice qui doit régler les différends entre les nations... Ah ! fais que la justice règne un jour en ce monde ; alors, toutes les tyrannies et toutes les oppressions cesseront ; alors, on ne disposera plus des peuples sans consulter leur volonté ; et les préjugés disparaîtront, et les barrières qui séparent les hommes tomberont et l'humanité entière ne formera plus qu'une seule famille.

» Ainsi se réalisera cette prédiction du prophète Isaïe :

« Les peuples forgeront de leurs épées des socs de
» charrue ; ils transformeront leurs lances en serpettes ;
» aucune nation ne lèvera plus le glaive contre l'autre
» et on ne s'exercera plus à la guerre. »

» Alors s'accomplira aussi cette autre prophétie :

« Ils ne feront plus de mal ; ils ne commettront plus
» aucune déprédation sur ma montagne sainte ; car
» la terre entière sera remplie de la connaissance de
» Dieu, comme l'eau couvre le fond de la mer. »

» Alors seront étouffés les plaintes et les gémissements ; partout retentiront les actions de grâces, et tous les hommes répéteront les paroles par lesquelles le chantre inspiré des psaumes, célébrait, ô Éternel ! ta miséricorde infinie :

« Louez l'Éternel, car il est bon, car sa bonté dure
» à jamais ! »

» Oh ! puisse cette époque désirée, cette époque bénie arriver bientôt de nos jours ! Que telle soit ta volonté, Éternel, notre créateur et notre père !

» Amen ! »

Voici les paroles prononcées par M. le pasteur Cuvier au temple de l'Église réformée :

« Mes frères,

» Lorsque le patriarche Abraham eut la douleur de voir s'endormir dans la mort la compagne fidèle de ses jeunes années et de ses vieux jours, la mère de son fils Isaac, il pleura et prit le deuil. S'étant levé de devant

son cadavre il s'en vint vers les enfants de Heth et leur dit : « Je suis un hôte et un étranger chez vous, accordez-
» moi un sépulcre dans votre pays, afin que je puisse
» donner la sépulture à ma morte. » Sur quoi ils répondi-
rent au vieillard : « Écoute-nous, Seigneur, tu es un
» serviteur de Dieu parmi nous, ensevelis ta morte
» dans nos tombeaux ; aucun de nous ne te refusera
» le sien. » — Abraham, s'inclinant alors devant les fils de Heth, leur dit : « Si c'est votre sentiment que
» j'ensevelisse ma morte au milieu de vous, priez
» Éphron, fils de Tsohar, de me vendre la grotte de
» Macpèla qui lui appartient. » — Éphron lui répondit :
« Non pas, Seigneur, écoute-moi, je te fais don du
» champ et de la grotte. Ensevelis là ta morte. » Alors Abraham donna la sépulture à Sarah dans la grotte de Macpèla, au pays de Canaan. (Gen. XXXIII.)

» Comme le patriarche, la France en deuil et pleurant ses fils morts dans les combats, attendait pour eux un tombeau. Nos magistrats municipaux n'ont pas cru que ce fût assez d'avoir fait ensevelir les restes mortels de nos soldats. Mus par un sentiment de vrai patriotisme et de reconnaissance, ils ont voulu honorer leur dévoue- ment en érigeant un monument funéraire à leur mémoire. Ils ont tenu à rendre un hommage public et durable à ceux qui ont perdu la vie pour la défense de notre chère Cité et de notre bien-aimée patrie. Et, dans ce jour où s'achève le tombeau élevé au milieu du champ de repos où sont recueillis tant de milliers de victimes, nos ma- gistrats ont demandé à leurs concitoyens des divers cultes professés dans nos murs un service religieux de commémoration. C'est avec empressement que le Conseil presbytéral s'est associé à ce pieux désir, quoi- que les services pour les morts ne soient pas dans les usages habituels de notre Église. Il a cru que cette cir- constance exceptionnelle justifiait cette dérogation à nos coutumes religieuses, et l'affluence qui se presse dans cette enceinte témoigne que vous pensez comme lui.

» En effet, ces soldats tués sur le champ de bataille ou morts dans nos ambulances des suites de leurs fatigues, de leurs privations ou de leurs blessures, ont été conduits au champ de repos sans être accompagnés et déposés dans la terre sans qu'aucun honneur funèbre ait pu leur être rendu. Leurs corps mutilés ont été emportés et rendus à la poudre *sans que personne y prit garde* [1], selon l'expression de l'Écriture. Cependant ils sont morts fidèles à leur drapeau, combattant pour leur pays, remplissant leur devoir au péril de leur vie ; ils ont trouvé la mort en protégeant nos foyers, nos personnes, notre indépendance nationale, l'honneur de la patrie. Ne serions-nous pas ingrats d'oublier leur dévouement et de ne pas rendre un hommage public et solennel à leur mémoire ?

» Ils ont été vaincus, ils ont succombé dans des combats malheureux, cela est vrai. Mais qu'importe ! Ce qui fait la vertu ce n'est pas le succès, c'est la lutte vaillamment soutenue. Ce qu'il faut honorer ce n'est pas la victoire, c'est le sacrifice accompli avec courage. Si trop souvent le monde applaudit le vainqueur et se montre ingrat envers celui qui échoue, s'il proclame juste une cause parce qu'elle triomphe, injuste celle qui succombe, ce n'est pas au chrétien de l'imiter dans ses jugements.

» Ne savons-nous pas que Dieu, dans sa mystérieuse sagesse, éprouve les nations aussi bien que les individus ou les familles ? Que parfois sa Providence permet que le juste tombe et que l'injuste triomphe ? Que s'il condamne à périr les peuples qui l'oublient et se corrompent, il laisse aussi accabler et presqu'anéantir ceux qu'il veut régénérer et relever ? Que s'il fait tomber Jérusalem, il ramène de la captivité les enfants d'Israël dans leur patrie ?

» Nous n'avons pas, d'ailleurs, à juger ici les causes

[1] Esaïe, LVII.

justes ou injustes de cette guerre maudite, ni ceux qui en furent les auteurs et qui en portent la responsabilité devant Dieu et devant l'histoire. Nous sommes ici des affligés accourus pour prier et pour nous souvenir des victimes.

» Que ceux à qui est échue la victoire, en bénissent le Dieu tout-puissant et chantent des actions de grâces ; pour nous, vaincus, *humilions-nous sous la main* qui nous frappe et prions pour *qu'elle nous relève quand il en sera temps* ([1]), quand nous le mériterons !

» En venant ici, dans ce jour funèbre, nous ne sommes pas réunis afin de prier pour le repos de leur âme. L'Évangile nous l'interdit. Nos prières leur sont inutiles. Ils sont entre les mains de Dieu, du père plein d'amour et de miséricorde en qui est notre confiance. Mais si nous ne prions pas pour eux, nous pouvons et nous devons honorer leur mémoire et nous souvenir de leur dévouement.

» De tous les fléaux la guerre est le pire ; elle cause à elle seule autant de mal que tous les autres ensemble. Elle déchaîne tous les maux, corrompt ceux qui la font, pervertit les mœurs, endurcit les cœurs, engendre la haine, excite la soif de la vengeance. Elle est un des plus tristes fruits de l'égoïsme, et l'on s'étonne, quand on y réfléchit, que des nations qui la provoquent, osent se dire et puissent se croire chrétiennes.

» Les passions ambitieuses des princes et des peuples suffisent à expliquer les guerres, comme les passions des individus expliquent les crimes. Mais d'où viennent cette attraction qu'exerce la guerre sur les esprits même les plus pacifiques, l'enthousiasme qu'elle excite, l'admiration qu'elle inspire pour les guerriers, la préférence de la jeunesse pour le métier des armes ! C'est qu'on y court des dangers, qu'on les affronte et les brave, qu'on y risque sa vie. Si le monde fait, avec raison, une

([1]) P. V, 6.

si grande différence entre l'assassin et le duelliste
qui tous deux ont tué leur semblable pour satisfaire leur
passion, la principale raison c'est que le premier prend
la vie de son prochain sans exposer la sienne; il guette
en traître et surprend lâchement et sans péril sa victime,
tandis que le second joue la sienne pour tuer son ad-
versaire. Cela ne justifie pas le duel que l'Évangile
condamne, mais cela explique l'indulgence du monde à
son égard. De même ce qui explique l'attrait de la
guerre, c'est qu'il y a quelque chose de beau et de grand
dans ces boucheries terribles qui rougissent de sang le
sol que la sueur du laboureur devrait seule arroser. Ce
sont les sentiments qui poussent les combattants à
braver le péril, à courir à la mort; c'est le courage, la
vaillance, le mépris du danger, l'amour de la gloire et
de la patrie, le renoncement et le sacrifice.

» Ces soldats, qui vont se rencontrer sur le champ de
bataille et s'aborder des instruments de mort à la main,
il ne se haïssent point; accourus les uns et les autres
de contrées éloignées, ils parlent une langue différente,
ne se comprennent pas, ne se sont jamais vus. Au
premier appel ils ont tout quitté et sont accourus sous
les drapeaux.

» Ces soldats, qui vivent sous la tente, endurent les
privations, bravent l'intempérie des saisons et n'aspirent
qu'à combattre, étaient pour la plupart dans leurs familles il n'y a que peu de jours, ils y exerçaient leur
état, faisaient des projets d'avenir, se trouvaient heureux; ils sont en armes pour défendre leur pays et prêts
à donner leur vie.

» Ces soldats, qui vont se précipiter à travers la mi-
traille contre l'ennemi, ils ont un père, une mère, des
frères et des sœurs, peut-être une femme et un enfant
ou une fiancée. Ils les ont quittés les yeux pleins de
larmes, sont émus en pensant à eux et espèrent les
serrer encore dans leurs bras. Ils courent cependant au-
devant de la mort qui va les frapper.

» Ces soldats, prodigues de leur vie, qui paraissent la mépriser, ils y tiennent, ils l'aiment et voudraient vieillir. S'ils rentrent sains et saufs sous le toit paternel, vous les entendrez rendre grâces à Dieu. Jusqu'alors ils ont évité le danger ; ils sont jeunes et ils ont devant eux une longue carrière à parcourir. Mais que leur chef leur ordonne de marcher à l'ennemi, de se faire tuer, ils obéissent et donnent leur vie.

» Leur sacrifice ne mérite-t-il pas qu'on honore leur mémoire ?

» Comme l'apôtre expose sa vie en allant dans de lointaines contrées chez les peuples sauvages porter l'Évangile aux païens; comme le chrétien persécuté pour sa foi subit le martyre plutôt que de la renier; comme la femme charitable brave la mort en soignant ceux que frappe l'épidémie meurtrière; le soldat donne sa vie pour sa patrie. Honneur à ceux qui savent accomplir ce suprême sacrifice; ils perdent leur vie pour la retrouver, a dit Jésus-Christ.

» Puisse le souvenir de nos vaillants soldats se conserver toujours au milieu de nous ! Puissions-nous apprendre d'eux à nous dévouer au bien de notre patrie, à remplir fidèlement nos devoirs de citoyens ! Puisse surtout leur dévouement obscur et généreux trouver beaucoup d'imitateurs dans notre chère France ! Puisse notre patrie, lorsqu'elle aura besoin des bras de ses fils pour faire respecter l'intégrité de son sol sacré ou l'honneur de son nom, les voir accourir, en grand nombre, et combattre avec autant de courage, mais plus de succès, pour sa défense ou sa délivrance ! Amen.

» Seigneur notre Dieu et notre Père, qui as voulu que nous ne fussions que des étrangers et des voyageurs ici-bas, nous venons renouveler, dans ton temple, le souvenir de nos frères qui sont tombés dans les combats. Ils s'en sont allés par le chemin de toute la terre, victimes de la guerre, portant les armes pour défendre

leur patrie. Ils sont morts glorieusement, donnant leur vie pour elle.

» Ils ont comparu en ta sainte présence et nous espérons qu'ils ont trouvé grâce à tes yeux et que ta miséricorde les a recueillis dans la patrie éternelle. Ils n'ont pas besoin de nos prières. Mais nous t'invoquons en faveur de leurs familles en deuil, afin que tu les consoles par les espérances de la foi et nous te prions de faire trouver aux pères et aux mères, aux veuves et aux orphelins qui les pleurent, un adoucissement à leur douleur, dans la pensée qu'ils ont succombé, en soldats fidèles et vaillants, au service de leur patrie bien-aimée.

» Nous te supplions de nous faire la grâce de nous souvenir de leur abnégation et de leur sacrifice, pour apprendre à renoncer à nous-mêmes, à sacrifier nos biens, notre repos au bonheur de notre pays et à donner, s'il le fallait, notre vie pour nos frères.

» Nous te demandons que le sang de nos soldats n'ait pas été versé en vain. Qu'il monte jusqu'à Toi non pour crier vengeance, mais pour apaiser envers nous ta justice. Accepte-le comme une offrande de bonne odeur, comme un sacrifice vivant et saint en faveur de la patrie pour laquelle ils l'ont répandu.

» Ah! dans ce jour de tristesse nous gémissons douloureusement des désastres et des malheurs qui nous accablent. Instruits, à nos dépens, des maux qu'enfantent la guerre et la conquête, nous avons compris combien elles sont funestes au bonheur des peuples, contraires à la justice, condamnables devant la charité, coupables entre chrétiens, criminelles à tes yeux, ô Dieu d'amour, notre Père!

» C'est donc la paix que nous implorons aujourd'hui. Incline les cœurs et dirige les événements de telle sorte que chaque peuple, redevenu possesseur paisible du pays que tu lui as donné, vivant dans la patrie de son choix, maître de ses destinées et libre, abjure toute jalousie, toute ambition, toute haine.

» Qu'avant de nous endormir du dernier sommeil, près de quitter ce monde de péché pour la céleste patrie, nous puissions saluer l'aurore de ce jour béni, annoncé par les prophètes, préparé par Jésus, où les nations pénétrées de l'esprit de Christ, transformeront leurs épées en charrues [1], leurs armes de guerre en instruments de travail, t'adoreront comme le Père de tous les hommes et te serviront dans l'amour et dans la paix !

» Seigneur exauce nos supplications, afin que nous puissions dire bientôt, avec le Psalmiste [2] : *Nous étions bien bas, mais tu t'es souvenu de nous !* Amen ! »

Après la prière l'assemblée chante le Psaume 137e, dans lequel les juifs captifs à Babylone pleurent la ruine de Jérusalem.

DESCRIPTION DU MONUMENT FUNÈBRE.

L'architecte, dit le *Moniteur de la Moselle,* s'est surtout attaché à faire un monument de grandes dimensions et d'une grande simplicité de lignes. Le monument a 12 mètres de hauteur et se compose d'un soubassement surmonté d'une haute pyramide couronnée d'une urne cinéraire.

Sur les quatre faces, ce soubassement est percé d'ouvertures dans lesquelles viennent s'engager des cercueils empilés qui indiquent que le tombeau a été élevé à la mémoire d'un grand nombre de personnes. En avant des cercueils, sont des prie-Dieu en pierre. Sur les quatre faces on a sculpté les armes de la ville de Metz et adapté des porte-couronnes.

[1] Esaïe II, 4. Michée IV, 2.
[2] Psaume CXXXVI, 23.

La base de la pyramide repose sur un socle portant quatre inscriptions.

FACE PRINCIPALE DU SOCLE :

METZ

Aux Soldats Français morts dans ses murs pour la Patrie.

FACE POSTÉRIEURE :

A la mémoire des 7,203 Soldats Français morts dans les ambulances de Metz.

A DROITE :

Borny.................... 14 août 1870.
Gravelotte,............... 16 août 1870.
Saint-Privat .... 18 août 1870.

A GAUCHE :

Servigny.................. 31 août 1870.
Peltre.................... 27 septembre 1870.
Ladonchamps............... 7 octobre 1870.

FACE PRINCIPALE DE LA PYRAMIDE :

Un bas-relief en marbre blanc représente la Religion. Ce bas-relief existait déjà et appartenait à la ville ; il provient du tombeau abandonné par la famille de Salse. Au-dessus, le millésime, avec une cocarde aux couleurs de France.

FACE POSTÉRIEURE :

Ils partirent laissant là le repos, la sécurité, leurs familles, la patrie, leurs mères, leurs sœurs, tout ce qui attache le cœur sur cette terre.

Ils furent à la fois des héros et des martyrs.   Mgr DUPANLOUP.

Ils moururent en laissant dans le souvenir de leur mort, à toute la nation, un grand exemple d'intrépidité et de dévouement.

Livre des Machabées, chap. 2.

FACES LATÉRALES :

Ils ont fini leurs jours mortels en leurs devoirs et dans l'obligation
de leurs serments. Cette sorte de fin est excellente et il ne faut pas
douter que Dieu ne la leur ait rendue heureuse.

Saint FRANÇOIS DE SALES.

Malheur à moi ! fallait-il naître pour voir la ruine de mon peuple,
la ruine de la cité, et pour demeurer au milieu d'elle pendant qu'elle
est livrée aux mains de l'ennemi. *Machabées*, lib. 1, chap. 2, vers. 7.

Le dessin du monument est l'œuvre de M. Demoget,
architecte-ingénieur de la ville de Metz. La conception
est large, l'aspect grandiose, les lignes en sont pures
et les détails concourent heureusement à l'effet général.

M. Demoget, qui a construit les ambulances de Metz
avec un talent et une activité remarquables, couronne
dignement, aujourd'hui, la tâche que lui ont imposée
nos malheurs.

V. D.